Axel Scheffler
Tierisch gute Märchen

Editorische Notiz: Diese Märchensammlung beinhaltet die Märchen *Die drei kleinen Schweinchen und der böse Wolf, Hase und Igel, Der gestiefelte Kater* und *Die drei Wünsche*.
Die Texte wurden für diese Ausgabe leicht überarbeitet und gekürzt.

Axel Scheffler, geboren 1957 in Hamburg, absolvierte ein Grafikstudium in Bath / England. Seitdem lebt er als freischaffender Illustrator in London. Sein Bilderbuch *Der Grüffelo* (Text von Julia Donaldson) ist zum modernen Klassiker geworden und hat ihn auf der ganzen Welt bekannt gemacht.

Axel Scheffler

Tierisch gute Märchen

GULLIVER

Die drei kleinen Schweinchen und der böse Wolf

Nach einem englischen Märchen

Eines Tages sprach Mutter Schwein zu
ihren drei Kindern: „Ihr seid jetzt groß
genug, um für euch selbst zu sorgen.
Geht in die Welt hinaus und versucht
euer Glück!"

Das erste Schweinchen zog los und traf einen
Mann. Dieser trug einen Ballen Stroh.

Das Schweinchen sagte höflich:
„Lieber Mann, gib mir bitte dein
Stroh, damit ich mir ein Haus
bauen kann."

Das tat der Mann und das Schweinchen baute sein
Haus.

Da kam der böse Wolf und klopfte an die
Tür: „Kleines Schwein, kleines Schwein,
lass mich in dein Haus hinein!"

Das Schweinchen erwiderte:
„Bei den Borsten an meinem Kinn,
niemals kommst du hier herein!"

„Dann rase ich und blase ich und puste dir
dein Häuschen weg", antwortete der Wolf.

Und er raste und blies und pustete das Haus weg
und fraß das Schweinchen auf.

Das zweite Schweinchen traf einen Mann, der trug
ein Bündel Reisig.

„Lieber Mann", bat das Schweinchen
freundlich, „gib mir bitte dein Reisig, damit
ich mir ein Haus bauen kann."

Das tat der Mann und das Schweinchen baute
sein Haus.

Bald kam der böse Wolf vorbei
und pochte an die Tür: „Kleines
Schwein, kleines Schwein, lass
mich in dein Haus hinein!"

Das Schweinchen antwortete: „Beim
Ringelschwanz meines Großvaters, niemals
lass ich dich hier herein."

Der Wolf sprach: „Dann rase ich
und blase ich und puste dir dein
Häuschen weg!"

Und der Wolf raste und blies und pustete das
Häuschen weg und fraß das Schweinchen auf.

Das dritte Schweinchen traf einen Mann, der
schob eine Karre voller Ziegel.

„Lieber Mann", sagte das Schweinchen,
„gib mir bitte deine Ziegel, damit ich mir
ein Haus bauen kann."

Das tat der Mann und das Schweinchen baute sein Haus. Und als eine Weile vergangen war, kam der böse Wolf.

Der Wolf klopfte an die Tür: „Kleines Schwein, kleines Schwein, lass mich in dein Haus hinein!"

„Bei den Ohren meiner Großmutter", rief das Schweinchen, „niemals kommst du hier herein!"

Der Wolf antwortete: „Dann rase ich und blase ich und puste dir dein Häuschen weg!"

Und der Wolf begann zu rasen und zu blasen, und er raste und blies und raste und blies.

Doch all sein Rasen und Blasen nützte nichts.

Schließlich sagte er ganz erschöpft:
„Kleines Schwein, ich kenne da einen
schönen Acker mit dicken Rüben!"

„Wo denn?", fragte das
Schweinchen neugierig.

„Oh, auf dem Acker vom alten Bauer
Wacker! Halte dich morgen früh bereit
und ich hole dich ab, damit wir gemeinsam
dorthin gehen und Rüben sammeln für ein
schönes Frühstück", sagte der Wolf.

„Das klingt gut, ich werde bereit sein", sagte das Schweinchen. „Wann kommst du?"

„Pünktlich um sechs", antwortete der Wolf.

Am nächsten Morgen stand das Schweinchen aber schon um 5 Uhr auf, lief zum Acker von Bauer Wacker, sammelte die herrlichsten Rüben ein und kehrte zu seinem Haus zurück.

Es war gerade sechs, da klopfte der Wolf an die Tür und fragte: „Kleines Schwein, bist du bereit?"

„Bereit? Ich habe die Rüben schon längst geholt und koche mir gerade mein Frühstück", rief das Schweinchen durch den Türspalt.

Da wurde der Wolf zornig und dachte sich eine neue List aus, um das Schweinchen zu kriegen.

„Kleines Schwein", sagte er, „ich kenne da einen wunderschönen Apfelbaum!"

„Wo denn?", fragte das Schweinchen neugierig.

„Oh, auf der Wiese von Frau Liese", sagte der Wolf, „und wenn du mich nicht reinlegen willst, dann komme ich morgen früh um fünf und bringe dich dorthin."

Am nächsten Morgen stand das Schweinchen
aber schon um 4 Uhr auf und lief zur Wiese von
Frau Liese. Doch der Weg war weit und der Baum
so hoch. Als das Schweinchen herunterklettern
wollte, sah es den Wolf kommen. Da bekam es
große Angst.

„Wie, du bist schon da?", fragte der Wolf
erstaunt. „Schöne Äpfel gibt es hier, nicht
wahr?"

„Ja, sehr schöne Äpfel", sagte das Schweinchen. „Gib Acht, ich werfe dir einen hinunter."

In hohem Bogen warf das Schweinchen einen Apfel auf die Wiese. Als der Wolf den Apfel holen wollte, kletterte das Schweinchen schnell vom Baum und rannte nach Hause.

Am nächsten Morgen kam der böse Wolf wieder zum Haus des kleinen Schweinchens.

Er klopfte an die Tür und sagte: „Kleines Schwein, im Dorf ist heute Jahrmarkt, kommst du mit?"

„O ja", sagte das Schweinchen, „wann gehen wir los?"

„Um drei", erwiderte der Wolf.

Doch auch diesmal lief das Schweinchen viel früher los. Auf dem Jahrmarkt kaufte es sich ein Butterfass. Doch als es gerade den Heimweg antreten wollte, sah es den wütenden Wolf kommen.

Weil es sich nicht anders zu helfen wusste,
sprang das Schweinchen in das Butterfass. Das
Butterfass kippte auf der Stelle um und rollte den
Berg hinunter. Da bekam der Wolf einen solchen
Schreck, dass er den Jahrmarkt vergaß und Hals
über Kopf davonsprang.

Der Wolf lief zum Haus des Schweinchens und
berichtete ihm, was er Schreckliches erlebt hatte.

„Ha!", lachte das Schweinchen übermütig, „das war natürlich ich! Ich bin zum Jahrmarkt gegangen und habe mir ein Butterfass gekauft. Als ich dich kommen sah, bin ich in das Fass gesprungen und den Berg hinuntergekullert!"

Der Wolf tobte und raste und schrie: „Ich komme durch den Schornstein und schnapp dich, dann hab ich dich!"

Das Schweinchen hörte dies. Es machte ein
großes Feuer im Kamin und hängte einen Kochtopf
voll Wasser darüber. Als der böse Wolf den
Schornstein hinunterstieg, hob es den Deckel vom
Topf und der Wolf plumpste hinein. Da schloss
das Schweinchen schnell den Topf und kochte den
Wolf kräftig durch.

Das war eine nahrhafte Suppe! Und so gestärkt
lebte es unbeschwert noch viele Tage.

Hase und Igel

Nach einem Märchen
der Brüder Grimm

Es war an einem schönen Sonntag im Spätsommer. Bienen summten, Vögel zwitscherten und die Sonne schien auf die goldenen Felder.

Die ganze Welt hatte gute Laune. Der Igel, der vor dem Haus saß und ein Liedchen pfiff, offensichtlich auch. Nicht allen gefiel, was er pfiff, ihm aber war das egal. Die Kinder hatte er bereits gewaschen und angezogen, und so beschloss der Igel, zum Rübenacker zu spazieren, um nach seinen Rüben zu sehen.

Streng genommen waren es nicht seine Rüben, aber da niemand so recht wusste, wem der Acker eigentlich gehörte, zog er hin und wieder Rüben heraus.

Auf dem Weg zum Feld begegnete er dem Hasen, der unterwegs war, um nach dem Kohl zu sehen. Der Igel wünschte höflich einen guten Morgen, doch der eingebildete Hase erwiderte seinen Gruß nicht.

„Schon auf?", fragte der Hase nur.

„Ich gehe spazieren", sagte der Igel.

„Pah, spazieren! Mit *den* Beinchen?",
lachte der Hase. „Sonst sind sie wohl zu
nichts zu gebrauchen?"

Der Igel war beleidigt. Seine Beine waren zwar
kurz, aber damit war er sehr zufrieden.

„Mit deinen kannst du wohl mehr
anstellen?", fragte er übermütig.

„Das glaube ich allerdings", sagte der Hase.

„Wir könnten um die Wette laufen, ich wette, ich würde gewinnen", sagte der Igel und war von sich selbst überrascht.

Seine Worte waren mal wieder schneller als seine Gedanken.

Der Hase fragte: „Nun gut. Worum wetten wir?"

„Um einen Korb voll Obst und eine Flasche Fliederbeer-Saft", schlug der Igel vor.

„Die Wette gilt, es kann gleich losgehen", sagte der Hase.

„Nicht so schnell", sagte der Igel, der eigentlich nicht wusste, wie er gegen einen Hasen einen Wettlauf gewinnen sollte. „Ich habe noch gar nicht gefrühstückt. In einer halben Stunde bin ich zurück."

Dann lief er nach Hause, so schnell ihn seine kurzen Igel-Beinchen trugen. Völlig außer Atem stürmte er durch das Gartentor. Dort saß seine Frau mit den Kindern und bastelte kleine Tierchen.

„Frau, was mache ich bloß? Ich habe mit dem Hasen gewettet, dass ich ihn beim Wettlauf besiegen kann. Wie soll ich das schaffen? Er hat doch so lange Beine!", rief der Igel verzweifelt.

Die Igelfrau verdrehte die Augen. Sie kannte das schon, es war nicht das erste Mal, dass der Igel sich in Schwierigkeiten brachte.

„Komm mit ins Haus", sagte sie.

Der Igel folgte ihr mit gesenktem Kopf und hängenden Schultern.

„Männergeschichten!", seufzte sie und begann nachzudenken. „Ich hab's!", rief sie plötzlich und rannte zur Kommode.

Sie holte ein Hemd und eine Hose des Igels aus der Schublade. Rasch zog sie ihr Kleid aus und seine Sachen an. Da der Igel nur weiße Hemden und blaue Latzhosen trug, sah seine Frau jetzt fast genau so aus wie er.

„Komm, schnell!", sagte sie und zog den
verdutzten Igel aus dem Haus.

Die Kinder starrten ihrem doppelten Vater
verblüfft hinterher. Auf dem Weg zum Rübenacker
erklärte die Frau ihren Plan.

„Pass auf, Mann. Der Wettlauf findet auf
dem langen Acker statt. Der Hase läuft in
der einen Furche und du in der anderen.
Der Start ist am oberen Ende des Ackers.

Ich werde am unteren Ende des Ackers hocken, und wenn der Hase dort ankommt, rufe ich: *‚Ich bin schon da!‘* Klar?“

„Verstanden“, sagte der Igel nach einigem Nachdenken.

Als sie bei dem Acker angelangt waren, versteckte sich die Frau des Igels im Gebüsch am unteren Ende des Ackers. Der Igel traf am oberen Ende auf den wartenden Hasen, der in seiner schick glänzenden Sportkleidung schon ungeduldig hin und her hoppelte.

„Kann es losgehen?", fragte der Hase Richtung Himmel, als ob der Igel gar nicht da wäre.

„Jawohl", antwortete der Igel trotzdem.

Beide gingen an den Start. Der Hase wackelte dabei wichtigtuerisch mit dem Stummelschwänzchen.

„Eins, zwwwei, drei!", sagte der Igel.

Der Hase raste wie aus der Kanone geschossen davon. Der Igel trottete hinterher, ließ sich nach ein paar Schritten auf den Boden fallen und duckte sich in eine Furche in der Erde.

Als der Hase am unteren Ende des Ackers
ankam, rief ihm die Igelfrau entgegen:
„Ich bin schon da!"

Der Hase stutzte. Hier ist was faul, dachte er.

Er sagte: „Noch mal. Wieder
zurück!", und war schon
losgerannt.

Der Hase rannte so schnell, dass die Ohren
nur so um seinen Kopf herumflatterten. Als er
am oberen Ende des Ackers angekommen war,
empfing ihn der Igel.

„Ich bin schon da!"

„Noch mal zurück", japste der
Hase erstaunt und schon leicht aus
der Puste.

„Meinetwegen", erwiderte der Igel
seelenruhig, „so oft du willst."

Der Hase lief 73 Mal. Doch jedes Mal, wenn er
angekommen war, klang ihm ein ausgeruhtes
„Ich bin schon da!" entgegen.

Beim 74. Mal brach der arme, dumme Hase direkt vor der Igelfrau zusammen. Zufällig spazierte gerade eine Feldmaus vorbei. Die Igelfrau borgte sich deren Handy und rief die rote Fuchs-Ambulanz herbei, die den Hasen bald fachkundig versorgte.

Schnell kam der Hase wieder zu sich, doch was genau vorgefallen war, verstand er nicht. Mit schlaffer Pfote zeigte er zu einem Bäumchen. Insgeheim hatte er sich schon auf eine Riesenportion Obst mit Fliederbeersaft gefreut ...

Glücklich trugen der Igel und seine Frau ihren Gewinn nach Hause. Sie packten die Picknick-Sachen, holten ihre Kinder, setzten sich auf einen grünen Hügel und genossen den Rest dieses vergnüglichen Tages.

Der gestiefelte Kater

Nach einem Märchen
von Charles Perrault

Ein alter Müller hatte drei Söhne, eine Mühle, einen Esel und einen Kater, der in der Mühle die Mäuse fing. Als der Müller starb, bekam der älteste Sohn die Mühle, der zweite bekam den Esel. Für den jüngsten aber blieb nur der Kater.

„Was soll ich mit einem Kater?", seufzte der jüngste Sohn enttäuscht. „Besser, ich lass mir ein paar schöne Pelzhandschuhe aus ihm machen."

Der Kater aber, der die Menschensprache konnte, erschrak.

Der Kater sagte: „Lass mir lieber ein Paar schöne Stiefelchen machen und ich werde dir zeigen, wozu ich nützlich bin."

Da kam zufällig ein Schuster des Wegs und
der jüngste Sohn ließ dem Kater ein Paar
schicke Stiefel machen. Der Kater beguckte
zufrieden seine neuen Stiefel, stand auf wie ein
Mensch, griff nach einem Sack und gab einige
Weizenkörner hinein. Mit den Worten „Bis
später" verließ er das Haus.

Zu ebenjener Zeit herrschte ein König im Lande,
der für sein Leben gern Rebhühner aß. Sein
Appetit war grenzenlos und so hatte er fast alle
Rebhühner seines Reiches aufgegessen.

Dem schlauen Kater jedoch war tief im Wald eine Stelle bekannt, wo es noch Rebhühner gab. Dort stellte er seine Sackfalle auf und bald tappten die Hühner hinein. Der Kater sprang aus seinem Versteck, schnürte den Sack zu und warf ihn über die Schulter. Dann machte er sich sogleich auf den Weg zum Schloss des Königs.

Die königlichen Wachen dachten sich, ein sprechender Kater könnte den König vielleicht aufmuntern. Der war nämlich in letzter Zeit sehr mürrisch geworden, weil es keine Rebhühner mehr gab.

Der Kater trat zum König und öffnete den Sack, aus dem die Rebhühner ihre Köpfe herausstreckten.

Der Kater sprach: „Mein Herr, der Graf, lässt Eurer Majestät dieses bringen."

Der König war höchst erfreut und ließ dem Kater
zum Dank ein Säcklein Gold überreichen.

In den folgenden Tagen und Wochen kam der
Kater immer öfter in das Schloss und brachte, was
er gejagt hatte. Bald durfte er sich *Königlicher
Hoflieferant* nennen. Das Gold gab er dem
Müllerssohn, dem das gut gefiel.

Eines Tages hörte der Kater in der königlichen Küche von einer geplanten Spazierfahrt des Königs mit seiner schönen Tochter.

Da lief der Kater zurück zu seinem Herrn und sagte: „Das Glück ist gemacht, wenn du auf mich hörst. Geh du im Teich baden und lass alles andere meine Sache sein."

Der Müllerssohn war sehr verdutzt, folgte aber dem Kater zum Teich. Er zog sich aus, sprang ins Wasser und sah, wie der Kater seine Kleider im Schilf versteckte. Da rumpelte schon die königliche Kutsche heran.

„Halt, halt!", rief der Kater und wedelte mit den Armen.

Die Kutsche hielt an und der König streckte den Kopf heraus.

„Ach, Majestät", klagte der Kater.
„Räuber haben meinem Herrn, dem
Grafen, die Kleider gestohlen!"

Da schickte der König einen seiner Diener
aus, um für den nassen Grafen neue Kleider
zu holen. Als der Müllerssohn in die feinen
Kleider geschlüpft war, lud der König ihn zu
einer Kutschfahrt ein. Das gefiel auch der
Königstochter, denn sie fand den Grafen sehr
stattlich und hübsch.

Schnell wie der Blitz rannte der Kater los, der Kutsche voraus. Bald kam er an ein großes Weizenfeld, auf dem die Bauern die Ernte einbrachten.

„Wem gehört dieses Feld?", fragte der Kater.

„Dem großen Zauberer", antworteten sie und starrten den Kater ungläubig an.

„Wenn der König vorbeikommt, so sagt einfach, es gehört dem Grafen."

Da die Bauern einen sprechenden Kater für ein gutes Zeichen hielten und den Zauberer sowieso nicht ausstehen konnten, wollten sie seine Anweisungen befolgen.

Der Kater eilte weiter, bis er zu einem großen Wald kam. Dort traf er auf Holzfäller. Er erfuhr, dass der Wald dem Zauberer gehörte.

Auch die Holzfäller staunten über den sprechenden Kater und versprachen, dem König zu sagen, dass der Wald dem Grafen gehöre.

In der Zwischenzeit war die königliche Kutsche zu dem Feld gekommen und der König fragte, wem das Feld gehöre.

Die Leute antworteten: „Dem Grafen."

Als sie zu dem Wald gelangten, fragte der König: „Und wem gehört dieser Wald?"

Als es wieder hieß „dem Grafen", blickte er voller Staunen und Bewunderung auf den Müllerssohn, der leicht errötete und nicht verstand, was eigentlich vor sich ging.

Er wäre doch ein prächtiger Schwiegersohn,
dachte der König im Stillen.

Der gestiefelte Kater war derweil zu einem
herrlichen Schloss gelangt, wo er sich zum
großen Zauberer durchfragte, der in seinem
Studierzimmer saß und Zauberbücher las.

Der Kater sprach: „Guten Tag, ich habe
gehört, Ihr könnt Euch in jedes beliebige
Tier verwandeln, ob Elefant oder Löwe –
ich kann es kaum glauben!"

„Das wirst du wohl müssen!",
sagte der Zauberer und grummelte
einen Zauberspruch.

Und er verwandelte sich in ...

... einen fürchterlich brüllenden Löwen.

Der Kater nahm Reißaus und kam erst zurück,
als der Zauberer wieder seine menschliche
Gestalt angenommen hatte.

„Ein Löwe – nicht schlecht.
Aber könntet Ihr Euch auch in
ein winzig kleines Tier verwandeln,
einen Hamster oder eine Maus?

Das scheint mir ganz und gar unmöglich",
sagte der Kater herausfordernd.

„Pah!", machte der Zauberer,
„nichts leichter als das!"

Wieder murmelte er einen Zauberspruch und
schon stand eine kleine graue Maus vor dem
Kater.

Die Maus sah aus, als würde ihr gerade klar,
dass sie einen großen Fehler gemacht hatte.
Der Kater aber zauderte nicht lange, schnappte
sich das Mäuschen und verschlang es mit Haut
und Haaren.

Schon hörte der Kater das Getrappel von
Pferden und das Geknirsche von Kutschrädern.
Er lief vor das Schloss und sah, wie die
königliche Gesellschaft vorfuhr.

„Willkommen, Majestät, im Schloss
meines Herrn, des Grafen."

„Ich habe kaum je etwas Prächtigeres
gesehen!", sagte der staunende König
zu seiner Tochter, die ihren Kopf auf die
Schulter des Grafen gelegt hatte.

Alle begaben sich in das Schloss und feierten ein
großes Fest.

Der König zupfte den Müllerssohn am
Ärmel und flüsterte ihm zu: „Übrigens,
wenn Ihr meine Tochter heiraten wolltet,
dem stünde nichts im Wege."

Der Müllerssohn und die hübsche Prinzessin
waren überaus einverstanden und bald darauf
wurde die Hochzeit gefeiert.

Der Kater aber wurde zum Ersten Minister
ernannt, nachdem er versprochen hatte, in
Zukunft das Lügen und Flausenmachen zu
unterlassen. Das tat er gerne.

Die drei Wünsche

Nach einem englischen Märchen

Am Rande eines großen, tiefen Waldes lebte
einmal eine arme Holzfällerfamilie. Manchmal
wünschte sie sich, dass es ihr besser ginge.

„Ach, könnte ich nur in einer prachtvollen
Kutsche fahren", seufzte der Holzfäller.

„Ach, hätte ich doch ein hübsches Seidenkleid", klagte seine Frau.

„Ach, wenn wir nur eine schöne Puppe und einen goldenen Ball hätten", jammerten die Kinder.

Aber alles Wünschen war vergebens.

Eines schönen Morgens zog der Holzfäller wie jeden Tag in den Wald, um Bäume zu fällen.

Nahe einer Lichtung entdeckte er eine dicke, alte Eiche, die ihm wohl manch gutes Brett liefern würde. Kaum aber hatte er mit der Axt weit ausgeholt, hörte er eine zarte, traurige Stimme.

„Oh, schlag mich bitte nicht!", sagte die Stimme und aus dem Baum kam eine kleine Fee herausgeflattert.

„Dieser Baum ist mein Heim und ohne
seinen Schutz müsste ich sicher sterben.
Wenn du ihn verschonst, seien dir und
deiner Familie drei Wünsche gewährt."

Kaum hatte sie das gesagt, war sie auch
schon wieder verschwunden. Der Holzfäller
rieb sich die Augen und schüttelte den Kopf.

Er schaute sich die dicke Eiche gründlich an und beschloss den Baum stehen zu lassen.

Dann machte er sich auf den Heimweg. Viele Male blieb er stehen, um über sein Erlebnis nachzudenken, und sein Kopf füllte sich mit Plänen von Reichtum und Ruhm. Meiner Frau aber werde ich nichts sagen, dachte er, die drei Wünsche behalte ich für mich.

Er bemerkte nicht, wie die Zeit vergangen war und der Tag zur Neige ging. Als er zu Hause ankam, war die Abendsuppe noch nicht fertig.

Die Frau sagte: „Ein Stündchen musst du noch warten, ich hatte heute sehr viel zu tun."

„Ach", sagte der Mann, „ich habe einen Bärenhunger. Ich wünschte, ich hätte eine schöne Blutwurst vor mir ..."

Kaum hatte er das gesagt, purzelte aus dem
Kamin die schönste, rundeste, prallste Blutwurst,
die man sich überhaupt nur vorstellen kann.

Der Holzfäller war nur ein wenig überrascht.
Seine Familie aber war sprachlos vor Erstaunen.
Jetzt musste der Holzfäller doch sein Geheimnis
verraten.

„Du Dummkopf", schimpfte seine Frau, „du hättest für mich ein hübsches Seidenkleid wünschen können!"

„Ach, du Elend", quengelten die Kinder, „denk an all das schöne Spielzeug, das du uns hättest wünschen können!"

Der Dackel aber dachte, eine Blutwurst ist genau das Richtige.

„Ich wünschte, du hättest die Wurst an der Nase", sagte seine Frau schließlich, „es würde dir recht geschehen."

Und schwuppdiwupp sprang die Wurst dem Holzfäller an die Nase. Der Holzfäller wusste nicht, wie ihm geschah.

„Hilfe, Hilfe!", schrie er entsetzt.

Er zog heftig an der Blutwurst, aber sie ging nicht ab. Seine Frau und seine Kinder standen da und staunten.

„Sie ist wie angewachsen", klagte der Holzfäller.

„Lass mich mal", sagte seine Frau.

Sie zerrte mit aller Kraft an der Wurst. Aber die Wurst saß fest.

„Helft mir mal", sagte sie zu den Kindern.

Sie zogen alle drei, sie zogen und zogen, doch die Blutwurst wollte nicht abgehen. Die Nase des Holzfällers schien immer länger und röter zu werden.

„Hört auf, ihr tut mir weh",
stöhnte er nur.

Traurig dachte die Familie an den letzten Wunsch.

„Hättest du eine Frau im hübschen
Seidenkleid, würde deine Blutwurst-Nase
niemandem auffallen", sagte seine Frau.

„Wenn wir alle schönes Spielzeug hätten, bräuchten wir nicht an die Blutwurst-Nase zu denken", sagten die Kinder.

„Ach", seufzte der Holzfäller, „selbst wenn ich in einer prachtvollen Kutsche fahren könnte, so wäre mir die Blutwurst-Nase doch sehr peinlich."

Und er wünschte sich die Wurst von der Nase. Gewünscht, getan – genauso schnell, wie die Wurst an die Nase des Holzfällers gesprungen war, sprang sie nun wieder ab.

Der Tochter war gerade eingefallen, dass man sich doch einfach drei weitere Wünsche wünschen könnte. Bevor sie das aber aussprechen konnte, war es schon zu spät.

„Na ja", sagte der Holzfäller, „wenigstens haben wir jetzt zum Abendessen die schönste, rundeste, prallste Blutwurst, die man sich nur vorstellen kann."

Und so gab es zur Suppe die wunderbare Blutwurst. Es schmeckte ihnen vorzüglich und sie sprachen über ihre Pläne, falls sie noch mal solch ein Glück haben sollten. So hörten sie nicht das leise Lachen der Fee, die an ihrem Fenster vorbeiflatterte.

Dieses Buch wurde von Kindern für Kinder getestet.

Dieses Buch ist erhältlich als:
978-3-407-82454-7 Print

© 2025 Gulliver
Verlagsgruppe Beltz
Werderstraße 10, 69469 Weinheim
service@beltz.de
Alle Rechte vorbehalten
Die Verlagsgruppe Beltz behält sich die Nutzung ihrer Inhalte für
Text und Data Mining im Sinne von § 44b UrhG ausdrücklich vor.
Die Texte und Illustrationen stammen aus „Die drei kleinen
Schweinchen und der böse Wolf" © 2010 Axel Scheffler,
„Hase und Igel" © 2017 Axel Scheffler, „Der gestiefelte Kater"
© 2013 Axel Scheffler und „Die drei Wünsche" © 2015 Axel Scheffler.
Die Texte wurden für diese Ausgabe gekürzt und
leicht überarbeitet.
Redaktion und Lektorat: Kristina Wippert-Walburg
Neue Rechtschreibung
Einband- und Innenillustrationen: Axel Scheffler
Satz: Marah Ehret
Druck und Bindung: Beltz Grafische Betriebe, Bad Langensalza
Beltz Grafische Betriebe ist ein Unternehmen mit finanziellem
Klimabeitrag (ID 15985-2104-1001).
Printed in Germany
1 2 3 4 5   29 28 27 26 25

Der Inhalt dieses Buches wurde auf 100 % Recyclingpapier gedruckt.

Weitere Informationen zu unseren Autor:innen und Titeln
finden Sie unter: www.beltz.de